世界武器鉴赏系列

世界军服

鉴赏指南 （珍藏版）

（第2版）

U0274981

《深度军事》编委会　编著

清华大学出版社

北京

内 容 简 介

本书精心选取了世界各国18世纪至今的数百种军服和配件，包括盔帽、作训服、常礼服、手套、军鞋、眼镜等类别，着重介绍了不同时期不同服饰以及现代军服的原料及性能等内容。通过阅读本书，读者可以全面了解各国军服的发展情况。

本书内容翔实，结构严谨，分析讲解透彻，图片精美丰富，适合广大军事爱好者阅读和收藏，也可以作为青少年的科普读物。

图书在版编目 (CIP) 数据

世界军服鉴赏指南（珍藏版）/《深度军事》编委会编著 . —2 版 . —北京：清华大学出版社，2018（2021.6 重印）

（世界武器鉴赏系列）

ISBN 978-7-302-49709-7

Ⅰ . ①世… Ⅱ . ①深… Ⅲ . ①军服—世界—指南 Ⅳ . ① E127-62

中国版本图书馆 CIP 数据核字（2018）第 035769 号

责任编辑： 李玉萍
封面设计： 郑国强
责任校对： 张彦彬
责任印制： 丛怀宇
出版发行： 清华大学出版社

    网 址：http://www.tup.com.cn，http://www.wqbook.com
    地 址：北京清华大学学研大厦 A 座   邮 编：100084
    社 总 机：010-62770175   邮 购：010-62786544
    投稿与读者服务：010-62776969，c-service@tup.tsinghua.edu.cn
    质 量 反 馈：010-62772015，zhiliang@tup.tsinghua.edu.cn

印 装 者： 涿州汇美亿浓印刷有限公司
经 销： 全国新华书店
开 本： 146mm×210mm   **印 张：** 8.75
版 次： 2014 年 2 月第 1 版 2018 年 6 月第 2 版 **印 次：** 2021 年 6 月第 3 次印刷
定 价： 49.80 元

产品编号：076351-01

丛书序

FOREWORD

国无防不立，民无防不安。一个国家、一个民族，最重要的两件大事就是发展和安全。国防是人类社会发展与安全需要的产物，是关系国家和民族生死存亡的根本大计。军事图书作为学习军事知识、了解世界各国军事实力的绝佳途径，对提高国民的国防观念，加强青少年的军事素养有着重要意义。

与其他军事强国相比，我国的军事图书在写作和制作水平上还存在许多不足。以全球权威军事刊物《简氏防务周刊》（英国）为例，其信息分析在西方媒体和政府中一直被视为权威，其数据库广泛被各国政府和情报机构购买。而由于种种原因，我国的军事图书在专业性、全面性和影响力等方面都还明显不足。

为了给军事爱好者提供一套全面而专业的武器参考资料，并为广大青少年提供一套有趣、易懂的军事入门级读物，我们精心推出了"世界武器鉴赏系列"图书，内容涵盖现代飞机、现代战机、早期战机、现代舰船、单兵武器、特战装备、世界名枪、世界手枪、美国海军武器、二战尖端武器、坦克与装甲车等。

本系列图书由国内资深军事研究团队编写，力求内容的全面性、专业性和趣味性。我们在吸收国外同类图书优点的同时，还加入了一些独特的表现手法，努力做到化繁为简、图文并茂，以期符合国内读者的阅读习惯。

本系列图书内容丰富、结构合理，在带领读者熟悉武器历史的同时，还可以提纲挈领地了解各种武器的作战性能。在武器的相关参数上，我们参考了武器制造商官方网站的公开数据，以及国外的权威军事文档，做到了有理有据。每本图书都有大量的精美图片，配合别出心裁的排版，具有较高的欣赏和收藏价值。

前言

PREFACE

　　军服既是军队的识别标志之一，也是国威、军威和军人仪表的象征。透过一个国家、一个时期军服的质地、颜色和款式，不仅可以品出时代的审美，同时还可以读出政治、军事、经济、科技等方面的内容。现代军队的装备可以说是"武装到了牙齿"，因为身体上任何部位露在外面，就有可能受伤，尤其是像眼睛这样脆弱的部位。为保证特种部队人员的安全，军服的设计也是大有讲究，从盔帽到军鞋，全副武装，舒适性与实用性兼备。

　　本书精心选取了世界各国18世纪至今的数百种军服和配件，包括盔帽、作训服、常礼服、手套、军鞋、眼镜等多个类别，着重介绍了不同时期不同服饰的原料及性能等内容。通过阅读本书，读者可以全面了解各国军服的发展情况。

　　本书紧扣军事专业知识，不仅带领读者一览军服全貌，而且可以了解军服的发展历史，特别适合作为广大军事爱好者的参考资料和青少年朋友的科普读物。全书共分为7章，涉及内容全面合理，并配有丰富而精美的图片。

　　本书是真正面向军事爱好者的基础图书。全书由资深军事研究团队编写，力求保证内容的全面性、趣味性和观赏性。全书内容丰富、结构合理，关于飞机的相关参数还参考了制造商官方网站的公开数据，以及国外的权威军事文档。

本书由《深度军事》编委会编著，参与本书编写的人员有丁念阳、杨淼淼、阳晓瑜、陈利华、高丽秋、龚川、何海涛、贺强、胡姝婷、黄启华、黎安芝、黎琪、黎绍文、卢刚、罗于华等。对于广大资深军事爱好者，以及有兴趣了解并掌握国防军事知识的青少年来说，本书不失为很有价值的科普读物。希望读者朋友们能够通过阅读本书循序渐进地提高自己的军事素养。

本书赠送的图片及其他资源均以二维码形式提供，读者可以使用手机扫描下面的二维码下载并观看。

目 录
CONTENTS

⯈ Chapter 01

军服漫谈

　　军服是指军人穿戴的制式服装，有统一规定的式样、颜色、用料、穿着方式与场合。一个国家军队服装的变革与发展，既受国家经济实力所制约，也受民族文化和政治气候环境等的影响。

军服的发展历程

　　自古以来，展示军威是军服一项很重要的功能。古罗马军队的军人主要着白色衣服和盔甲，并在头盔上装饰不同颜色的羽毛，以识别各军团。1670—1672年，法军推行制式服装。18～19世纪，军服式样、颜色不断变化，一度出现过单纯注重式样，而实际使用很不方便的情况。

　　19世纪末，英帝国主义发动了对南非的侵略战争。当时，南非有一个叫"布尔"的白人民族，他们不甘心自己的国土受到外来侵略者的蹂躏，便组织起来进行武装反抗。布尔族参战的兵力少，英军人多，双方兵力对比为1∶5。布尔人在战争初期接连失利。通过一段时间的观察，布尔人发现英军有一个很大的特点，他们都穿红色军装，在南非森林的绿色背景中看起来格外显眼，因而行动极易暴露，布尔人从这里得到启发，立即把自己的服装改为草绿色，枪炮也涂成绿色。这样一来，布尔人便利用密草丛林的绿色背景作掩护，英军不容易发现布尔人，而布尔人很容易发现英军，他们常常神不知鬼不觉地接近英军，突然发起攻击，打得英军措手不及，英军却找不到目标。这场战争，英军死伤9万多人，损失惨重。

早期着红色军服的英国军队

　　英国人在南非受到的教训，很快被许多国家的军队所吸取。为了在野战条件下较好地隐蔽军队的行动，人们首先从服装上着手，不断改进军装的颜色，尽量使其与自然背景的颜色接近。世界上的军服虽然形式差别很大，但在颜色上却逐渐在绿色基调上统一起来。

　　从隐蔽伪装的角度来看，军服的颜色并不局限于绿色。在许多情况下，自然背景并非绿色，这就要求根据当时当地的背景条件，灵活合理选择服装颜色。如在雪地，则只有白色才能与背景协调一致；在海上，则只有蓝色才能与之融为一体；在沙漠地，则只有黄褐色与背景比较接近。

身穿丛林迷彩军服的美国特种兵

　　1905 年，日军把战时穿的黑色军服改为土黄色。在此期间，有的国家把军服分为平时穿的和战时穿的两种。1898 年，美国陆军的军服分为礼服和野战服两种。一战期间，多数交战国的军队穿着具有保护色的野战服。二战末期，德军首先使用三色迷彩服，后来美军装备了四色迷彩服。20 世纪 80 年代，世界上通用五色迷彩服，平时则着常服或礼服。

　　透过一个国家、一个时期军服的质地、颜色和款式，不仅可以品出时代的审美，同时可以读出政治、军事、经济、科技等方面的内容。

身穿吉利伪装服的士兵隐藏在丛林中

军服的分类

20世纪至今，军服逐渐分化为多个种类，军服的式样通常由国家最高权力机关制定。按着装场合的不同，军服主要分为作训服（作战服）、常服、礼服三类。

按军种分，有陆军服、空军服、海军服、海军陆战队军服。

按穿着季节分，可分为夏服和冬服。

不同军队军种的服装颜色和样式有所不同，如陆军军服多半为绿色、土黄色；海军军服多半为夏季白色、冬季黑色；而空军军服则多半为蓝色、灰色；宪兵及海军陆战队制服则多为卡其色。而礼服的颜色和样式与常服也有所不同，例如美国陆军礼服上衣为黑色而裤子为蓝色。

美国空军仪仗队礼服

加拿大空军士兵礼服

日本海上自卫队冬季水手服

军服的穿着常识

　　军服应该合身，整洁而耐用，并根据需要进行熨烫。衣袋中携带的物品不得外露，也不应因物品太多以致使衣袋隆起。着军服必须扣上扣子，拉好拉链或按好按扣。金属附件要擦拭光亮，不得有毛刺和锈蚀。奖章、勋章和勋表必须保持清洁完好，皮鞋必须打油擦亮。

　　合身军裤其裤腰的底沿应位于股骨顶端上下一指多的范围内，前裤线底部应位于脚背上，不带翻边的裤脚底边呈斜线，以使后裤线底部位于脚跟上部与矮腰皮鞋的鞋口之间的位置。允许前裤线因落在脚背上而有轻微折皱，但最好是挺直的。

　　军人必须站直坐正，挺胸收腹，不得萎靡不振，与外界人士和同事们交谈时应目视并保持良好的军人姿态，这包括坚持不懈地注意体育锻炼，以及为了达到标准体重而进行的自我控制等。

除了所要求的军装外，还应购买和保存足够数量的有关配用品，如标志，鞋袜，内衣，帽子和手套。

美国陆军上将常服

英国海军上将礼服

Chapter 02

盔帽

　　盔帽是世界各国军服的重要组成部分，显示了军人的威严和严谨，是军人尊严的标志。

美国大檐帽

二战中，美国军队配备的大檐帽主要有军官常服大檐帽、正规士兵常服大檐帽、礼服大檐帽等。美军大檐帽的帽冠有蓝色、白色、卡其色、橄榄褐色等颜色，一般由毛料制成；帽带和帽舌大多为红褐色，一般由皮革制成。美军大檐帽的帽带实际上只起到装饰作用，如果需要在大风天戴帽子，就必须另外购买一个有别扣的帽带。

头戴大檐帽的德怀特·艾森豪威尔

美国奔尼帽

　　奔尼帽是美军的标准装备，也是美军士兵最为喜欢的装备之一。这款帽子的特点是具有 360 度圆形帽边，可以有效遮挡阳光。帽檐两侧有 4 个带有金属丝网的大型透气孔，气孔下还有一圈环绕帽墙的尼龙织带，可以用来插些伪装物（沙漠迷彩版本和空军数码虎斑版本没有织带）。

　　近年来奔尼帽发展迅速，在实战中大有取代传统战斗（作训）帽和贝雷帽的趋势。相比战斗帽和贝雷帽，奔尼帽有佩戴方便的优势，而且宽大的圆边在雨林中有阻挡虫子落入衣领和挡雨的作用，在沙漠中又可以用于遮阳，在不用时还可以将圆边卷起便于轻松携带。

奔尼帽佩戴效果图

两名佩戴奔尼帽的士兵

佩戴奔尼帽的美国士兵

美国驻防帽

驻防帽其实是一种船形军用帽，又名侧边帽（Side cap）。相比其他军用帽而言，船形帽具有易于携带储藏、不易遮挡视线的特点。这种军帽在各个国家的称呼都不尽相同，美国称其驻防帽（Garrison cap），最早配发于一战期间。

美国陆军上将佩戴驻防帽

美国 M1 钢盔

　　M1 钢盔（M1 helmet）是一款二战至 1985 年期间使用于美国军队中的战斗头盔。美军将 M1 头盔作为制式装备使用长达 40 年，并成为其著名的代表形象之一，其设计也在其他国家的军队中研发出数个衍生版本，甚至使用至 21 世纪。

　　M1 钢盔于 1941 年开始引入使用，尽管目前其已不再作为美军的战斗盔使用，但在 1980 年后仍是世界上多个国家的部队现役装备。以色列国防军直至 2006 年时都还将 M1 钢盔投入实战，而在美军内，M1 钢盔也有其他用途，例如海军海豹部队水下爆破队（BUD/S）的候选学员在参与训练项目时，会佩戴涂有该学员编号、姓氏及军衔的 M1 钢盔，而某些仪队或勤务部队也会采用彩绘盔或镀盔。

M1 钢盔内部特写

头戴 M1 钢盔的美国陆军人员

带有伪装网的 M1 钢盔

美国 MICH 头盔

　　MICH（Moduler Integrated Communications Helmet），即模块化集成通信头盔，专门针对各军种特种部队的特殊需要而设计。这种头盔是特种部队司令部用来装备摩托和越野车的唯一冲击式头盔。使用这种头盔，当全副武装的使用者卧倒时仍然能对目标进行打击。

　　MICH 头盔有 6 ～ 8 层泡沫衬垫防震系统，能根据士兵的具体要求进行增减或改变等。将 MICH 头盔戴在头上几分钟后，头盔里的衬垫就会变得松软，最后将完全适合士兵的头型。

　　MICH 头盔里的衬垫是可调整的，能更加精确地适合不同的头型。头盔的迷彩盖面是两面用的，可在林地或沙漠中使用。MICH 头盔的防轻度撞击能力比陆军和特种部队曾使用的任何头盔都好。

MICH 头盔内部特写

头戴 MICH 头盔的美国士兵

MICH 头盔及其他配件

 美国 ACH 头盔

先进战斗头盔（Advanced Combat Helmet，ACH）是由美国陆军士兵系统中心为美陆军研发的新一代防护头盔，其设计源于 MICH 头盔。在战场上，死于炮弹碎片之下的人数非常多。为了更好地保护士兵的生命安全，2003 年，美国陆军士兵系统中心推出了一款新型头盔——ACH 头盔，以取代老旧的 PASGT 头盔。

佩戴 ACH 头盔的美国士兵

美国陆军成员佩戴 ACH 头盔进行作战训练

佩戴 ACH 头盔的美国士兵

美国 IBH 头盔

　　IBH（Integrated Ballistic Helmet）头盔也称"一体化防弹头盔"，其生产厂家 ILC 多佛公司（ILC Dover）与美国特种作战司令部（USSOCOM）在 1995 年签署订购合同，之后一共生产了 740 顶左右。

　　IBH 头盔最初设计目的是装备美国特种作战司令部下辖的各大特种部队（尤其是"海豹"突击队），但后来也装备过联邦调查局等执法机构。该头盔优点众多，如重量较轻、防护力强等。它可以提供特种部队在战斗操作中所需要的轻量级弹道防护，如轻武器和炸弹碎片。盔内的衬垫可以根据自身需要调节薄厚程度。IBH 头盔能够提供全方位的通信需要，以及夜视仪、防毒面具、高跳低开时所需的面罩系统和其他防护设施。

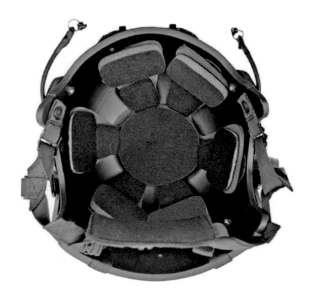

IBH 头盔内部特写

IBH 头盔佩戴效果图

佩戴 IBH 头盔的士兵

 美国 LWH 头盔

　　LWH（Light Weight Helmet）头盔又叫"轻量化头盔"，是美国海军陆战队的现役战斗头盔，于 2004 年晚期开始投入使用，至 2009 年时已完全取代之前使用的 PASGT 头盔。相比 PASGT 头盔来说，它重量更轻，佩戴舒适度更好，而且能够有效地抵挡弹片，增加了士兵的存活率。

　　在必要的时候，还可以挑选诸如战术耳机、面罩等额外用具，当然无须担心安装这些辅助用具会耽误时间，因为在该头盔上有对应的战术性轨道或者锁扣。士兵只需要很短的时间就能够"组合"好适合自己的头盔。

美国海军陆战队员佩戴 LWH 头盔

美国海军成员佩戴 LWH 头盔

美国 DH-132 头盔

特种部队在水上作战时，难免会有水花溅起，导致头盔、通信系统之类的装备因浸水而失效。DH-132 头盔就是针对这种情况设计的，其自带的通信设备都有防水功能，通常即便是被水浸湿也不会有影响，当然戴着它潜水就要另当别论了。

DH-132 头盔底部特写

美国 SOHAH 头盔

SOHAH 头盔是一种特种作战战术性头盔，由镜泰公司研发生产，主要适用于搜索、救援等特殊任务，它能够有效降低外界噪声，使佩戴者能有一个安静的环境去分析战场局势。

与其配套的是护目镜、耳机和其他通信及防护用具，该头盔前设计的护目镜可以大幅度减少激光或者有害射线对眼部的伤害。

美国 FAS Ensemble 头盔

FAS Ensemble 头盔是一个"合成体"，由一个飞行头盔、面罩以及裙摆组合而成，这种设计主要是为了防止生化物质对眼睛、皮肤以及呼吸道造成伤害。

该头盔看起来非常笨重，不过内部设计别有洞天，除了有对头部提供冲击、压力等保护的隔层外，还能够根据使用者的体温自动调节内部温度，让使用者不会感觉"头脑过热"。

美国高跳低开轻型伞兵头盔

镜泰公司高跳低开轻型伞兵头盔是为头部、眼部和面部提供保护，并且装有其他便于通信的设备。此外，还安装了氧气面罩保持装置，以便在军事行动中可以选择佩戴各式面罩。

美国 SPH-4B 直升机飞行头盔

SPH-4B 是金泰克斯（Gentex）公司为美国陆军研制的一款直升机飞行头盔，它可以像现在军方和民用都普遍使用的 COMTAC 战术通信系统一样接受外界声音，过滤杂音，转化、衰减刺激耳膜的巨大爆破音。

此外，它还有 4 大特点：第一，它外壳使用轻巧坚固的复合材料；第二，热塑型内衬增加了头盔的舒适程度；第三，聚苯乙烯能量吸收缓冲内衬，能有效地减小外部冲击力对使用者头部的创伤；第四，枷锁式固定系统，能使头盔保持在一个稳定的状态。

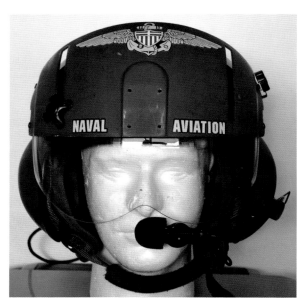

SPH-4B 直升机飞行头盔佩戴效果图

美国 HGU-56P 直升机飞行头盔

　　随着头盔上挂载通信设备，增加防紫外线、噪声、爆破碎片成为趋势之后，美国军方也跟随潮流，要求在 SPH-4B 头盔基础上有所突破。HGU-56P 头盔就是在此背景下应运而生的，相比 SPH-4B 头盔来说，HGU-56P 头盔挂带系统更人性化，头盔材质更可靠，透气性更好。HGU-56P 头盔的面罩，不仅能避免受伤和尘土，也提高了通话语音清晰度。

HGU-56P 直升机飞行头盔后侧方特写

佩戴 HGU-56P 直升机飞行头盔的士兵

HGU-56P 直升机飞行头盔佩戴效果图

美国 PASGT 头盔

PASGT（Personnel Armour System for Gound Troop）头盔全称为"地面部队单兵护甲系统"，是美国军方于 1985 年开始装配的一款单兵装备，由头盔及防弹衣组成。

PASGT 头盔和二战时德式钢盔一样较为重视保护人头的侧面和后方，其两侧完全把人的耳朵遮盖而且向外凸出，起到保护太阳穴的作用，而其后方为了不阻碍抬头而被设计成向上拱起，PASGT 的防护面积比美军旧款的 M1 钢盔多 12%，不过其对后方的防护面积仍比德式 M35 钢盔要少。PASGT 的内装和 M1 钢盔一样是帆布带，但由于 PASGT 的重心较低而令佩带者能更稳定地佩戴。

PASGT 头盔与作战背心

三名头戴 PASGT 头盔的美军军官

伊拉克战争期间佩戴 PASGT 头盔的美国士兵

英国 Mk 6 头盔

Mk 6 头盔（Mk 6 helmet）是英军的一款制式战斗头盔，由 NP 宇航公司（NP Aerospace）生产。

Mk 6 头盔的原始用色为墨绿色，英军另在外盔加上盔套以进行军事伪装，用色包含了绿色系的 DPM 迷彩、丛林、沙漠图案、用于极地作战的纯白盔套及联合国任务的蓝色盔套。这款头盔便于个人无线电及防毒面具的携带，对耳部保护效果更佳。

一顶没有 DPM 迷彩布套的 Mk 6 头盔

英国士兵佩戴 Mk 6 头盔在沙漠进行作战训练

戴着 Mk 6 头盔进行演习的英国陆军廓尔喀部队

英国 Mk 7 头盔

Mk 7 头盔（Mk 7 helmet）是英国军队中最新的一款现役战斗头盔，于 2009 年 6 月作为紧急作战需求装备而引入，最早于阿富汗战争中投入实战使用。官方正式名称是"一般勤务 7 号战斗头盔（GS Mark 7 combat helmet）"。

Mk 7 头盔调高的前缘使士兵在卧姿射击时，不会使头盔后缘因为碰到身体，而压低前缘并阻碍视角的情形发生。而且，附装夜视镜的稳固性也得到了提升。

佩戴 Mk 7 头盔的英国士兵

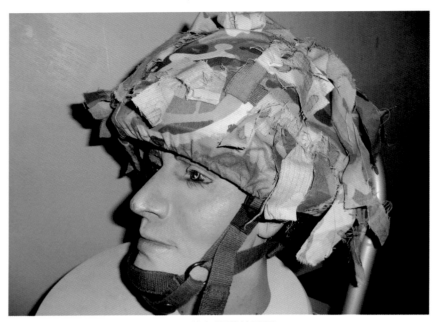

Mk 7 头盔佩戴效果图

英国士兵佩戴 Mk 7 头盔参与作战训练

英国布罗迪钢盔

布罗迪钢盔俗称"弹片头盔""汤米头盔"或"锡帽",由约翰·利奥波德·布罗迪于 1915 年在伦敦设计。此钢盔除了装备英国外,二战前的美军也有使用。

英国 NP 宇航公司伞兵头盔

NP 宇航公司伞兵头盔主要装备英国伞兵部队,该头盔的特点是:防弹、能量吸收衬里、边缘树脂密封和突出式遮盖。此外,还设计有用于耳朵及通信设备的防护罩。

 德国德式钢盔

　　一战期间，德国军队开始用德式钢盔取代传统的德式钉盔，德式钢盔拥有特殊的"煤斗"形状，因此成为明显可辨的军事象征并且对于交战双方是一种普遍的军事政治宣传。德式钢盔不同的型号是由其年份来命名。1942 年采用的"1942 型"钢盔也被称为"M1942"或"M42"。

德式钢盔内部特写

至今仍在使用德式钢盔的智利军队

德国 M56 钢盔

头戴 M56 钢盔的东德士兵

　　M56 钢盔是前东德军使用的钢盔，其形状如同一只铁锅或东亚地区常见的斗笠。M56 钢盔与瑞士的 M71 头盔一同被视为在 PASGT 钢盔出现前防弹能力最佳的钢盔。在 15 米距离上使用鲁格手枪弹和托卡诺夫手枪弹射击 M56 钢盔，结果只会在 M56 钢盔表面造成凹陷，而无被击穿或造成裂缝。

德国小船帽

小船帽是德国军队对船形帽的一种称呼，1962 年这种军帽开始装备德国空军部队。

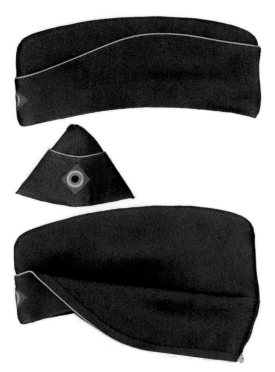

苏联毛帽

苏联毛帽是苏联军方的一种防寒帽子，大量配备于苏军各大兵种，其主要特征为皮毛和耳罩。2014 年在索契冬奥会上，英国代表团头戴苏联毛帽参加了开幕式。

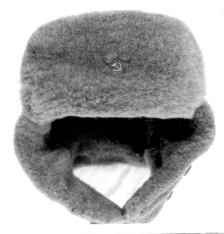

佩戴苏联毛帽的苏联士兵

白色女用苏联毛帽

苏联红军帽

红军帽是苏联红军在 1918 年开始设计并装备给工农红军的一种军帽，采用高品质的毛织物，并配有红色的星徽。

苏联红军帽正面特写

苏联飞行员帽

飞行员帽是苏联军队对船形帽的一种称呼，起源于一战期间的飞行员制服。二战期间该帽是红军最常见的军帽，冬季则戴苏联毛帽。

俄罗斯贝雷帽

贝雷帽（Beret）是一种平顶的圆形无檐软帽，一般用呢绒制成，款式不分性别，源自于巴斯克北部的农民服饰。戴的时候，软顶通常偏向一边。贝雷帽为很多军队和警察单位的制服部分，在一些国家更是精锐部队标志之一。

俄罗斯伞兵戴着贝雷帽参加阅兵式

意大利贝雷帽

一名佩戴贝雷帽的意大利女兵

奥地利贝雷帽

一名佩戴贝雷帽的奥地利士兵

比利时 Mk.II 钢盔

比利时 Mk.II 钢盔于二战后生产，是以英国的 Mk.II 头盔为蓝本而设计的。

比利时 349 飞行员头盔

349 头盔是比利时于 1957 年配发给空军的飞行员头盔。

保加利亚 M36 头盔

　　一战时期，保加利亚一直佩戴德式头盔。1935 年，高级司令部下令设计新的头盔。1935 年底，头盔原型基本完成，1936 年获得批准正式生产 M36 头盔。

　　M36 头盔共生产了三种型号：A 型、B 型、C 型。其中 A 型和 B 型在 20 世纪 50 年代被淘汰，而最新生产的 C 型则继续在保加利亚军队中服役，2010 年后逐渐被新型头盔所取代。

M36 头盔内部特写

日本 88 式钢盔

　　88 式钢盔是日本自卫队使用的头盔，1978 年开始由技术研究本部开发，是 66 式钢盔的后继品，1988 年开始列装。

　　88 式钢盔使用防弹复合纤维打造，可以防护 155 毫米以下炮弹的碎片打击，并且比 66 式钢盔轻便，并改善了使用丰和 64 式 7.62 毫米自动步枪时会被钢盔挡到瞄准线的问题，自卫队对其非常满意，所以短时间内就大量装备。

佩戴 88 式钢盔（右）及 66 式钢盔（左）的日本陆上自卫队队员

日本 90 式钢盔

　　90 式钢盔是日本在二战时使用的钢盔，其设计是把法式钢盔加上日本传统武士头盔的内衬而成，其固定方式是直接把钢盔带绑起来而不是如其他钢盔般用扣环。

　　90 式钢盔的内衬设计不良，不但戴起来不够稳固，而且在冬天时容易冻伤佩戴者的头皮，舒适性与稳固性也不尽如人意，其解决方法是先戴上军帽然后再戴上钢盔，即用军帽作为附加内衬。由于日军军帽可以在后方加上遮阳布，所以经常可以见到日军士兵头戴钢盔而头后有遮阳布的情形。

›› Chapter 03

作训服

　　作训服是军人在训练和作战时穿着的制式服装，也叫野战服、作战服。其主要特点是轻便紧凑，以适应战术技术动作的要求。迷彩服也是作战服的一种。在二战时期是作为伪装服使用的。如今迷彩服已发展到五六种，其用途也从单一的伪装服发展为工作服、野战服等多种性能的最新军服。

美国 M1942 青蛙迷彩作战服

　　M1942 青蛙迷彩是美国军方于 1942 年首次尝试较为颠覆性的伪装军服。

美国 ABU 迷彩作战服

　　随着空军在 1947 年由陆军的分支变成独立的军种，在这 60 年的时间美国空军有了很大的变化和发展，空军高层认为空军士兵也应该有属于自己的军服。ABU（Airman Battle Uniform）又称空军作战服，是美国空军装备的数码迷彩作战服，从 2007 年开始配给空军士兵作为新式制服，空军作战服以虎斑迷彩为蓝本进行像素化形成，和陆军的 UCP 迷彩采用同样的灰色调。

身穿 ABU 的美国飞行员

士兵身穿 ABU 参与作战训练

美国 ACU 迷彩作战服

　　ACU（Army Combat Uniform）又叫陆军作战服，也被称为飞行员战斗服，由美国陆军纳堤克士兵中心（U.S. Army Natick Soldier Center）和一些部队共同设计完成。该服饰首次亮相于 2004 年 6 月，2005 年开始配发。采用 50% 的尼龙和 50% 的棉制成，颜色以绿灰色为主，布料通常被叫作格仔布，除此之外没有其他类型的布料。

ACU 迷彩作战服穿着效果

身穿 ACU 的美国陆军士兵

阿富汗战场上身穿 ACU 的士兵

美国 ACS 迷彩作战服

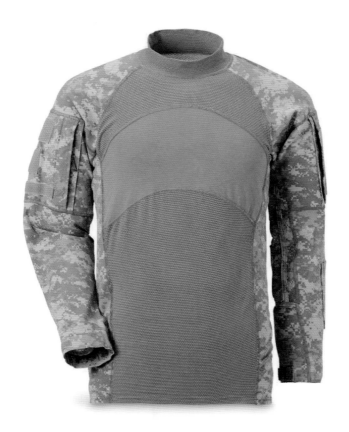

　　ACS（Army Combat Shirt）是配发给美国陆军作为辅助的一种作战服装。ACS 的舒适性较强，采用耐热、速干、透气面料制成，特定情况下可达到防火效果。

身穿 ACS 的美国陆军士兵

美国 AEF 迷彩作战服

  AEF（Army Elements Fleece）是一种较为通用的作战服，能适应各种不同的作战要求与作战环境。AEF 的主要材料为诺梅克斯芳族聚酰胺，面料防水、防风、透气，御寒能力较强。

美国 AOR 迷彩作战服

　　AOR 作战服是 Crye Precision 公司为美国海军特种部队设计并生产的试验型全地形迷彩作战服，其面料中加入了一种特殊材料，使其在自然光线下具有变色效果，伪装效果超过了现有的其他迷彩服。

　　Crye Precision 公司堪称军用装备领域的传奇，短短数年间便由一家与军需品生产毫无关系的公司一跃成为该领域的领头羊。该公司旗下最著名的 Multicam 迷彩就是其最有力的说明，任何公司的产品如果要使用这款迷彩都要取得授权方可使用。AOR 迷彩作为 Crye Precision 公司的新一代产品，依然延续了 Multicam 迷彩的优良品质。

　　AOR 作战服主要分为 AOR-1 和 AOR-2 两种型号，前者为土黄色迷彩色块，主要在沙漠地形中使用；后者为土黄色、绿色迷彩色块，主要在丛林地形中使用。目前，这两种型号的主要使用者为海豹六队。

AOR-1 迷彩作战服

AOR-2 迷彩作战服

美国 AACU 迷彩作战服

  AACU（Army Aircrew Combat Uniform）又叫陆军机组作战服，其外套设计类似 ACU，领口向前扩展，腰部可自行调整。

身穿 AACU 的美国士兵

 美国 BDU 迷彩作战服

BDU (Battle Dress Uniform) 又称丛林四色迷彩作战服，是美军自 1981 年装备至今的作战服。BDU 的面料一般分为 50% 的绵和 50% 的尼龙的涤纶面料或者纯棉的防刮格子布面料。为了适应美军的军事行动和战略思想，其迷彩也发展出多种不同的迷彩色。现役 BDU 色系中的丛林迷彩主色为蓝黑、绿、褐、土黄四色，可以分为温带型（偏黄色系）和热带型（偏暗绿色系）。

配发给美国海军陆战队的 BDU

美国 DBDU 迷彩作战服

　　美国于 1979 年首次将 DBDU（Desert Battle Dress Uniform）六色沙漠迷彩作战服配发给中东地区的快速反应部队使用，在海湾战争中美军全部使用该款迷彩服。

　　该作战服由绿色及大片覆盖的浅棕色和褐色，加上分散的白点、黑点构成，也被称为"巧克力片"。有士兵反映该款设计与实地对比反差太大，在沙漠里更容易升温且热能保留时间更长，其制造成本也高，所以美军着手设计新的替代作战服。

身穿 DBDU 的巴基斯坦突击队员

美国 DCU 迷彩作战服

　　DCU（Desert Camouflage Uniform）又称"美国三色沙漠迷彩"，是美国陆军纳堤克士兵中心测量了来自中东 14 个不同地区沙漠的沙土样品，对其进行了红外光反射测评，最终在 1990 年设计出的作训服。该服饰在 1993 年正式推出，并在索马里的军事行动中首次参与实战，一直服役了十多年，由大片柔和的绿色、浅棕色混合的形状，以及红褐色的补丁构成，绰号"咖啡污渍"。目前，穿着 DCU 的除了执行训练任务的单位外，就是具有装备选择权的特种部队。

美国海军士兵身穿 DCU 迷彩作战服

士兵身穿 DCU 执行作战任务

ACU 迷彩作战服（左）、DCU 迷彩作战服与二战时期作战服

美国 OCP 迷彩作战服

因阿富汗战事需要被英、美陆军采用的 MultiCam（Multi Environment Camouflage）迷彩作战服是由美国 Crye Precision 公司设计生产的，美军将经过部分改动的迷彩样式称为"持久自由行动迷彩样式"（Operation Enduring Freedom Camouflage Pattern，OCP），英军则是以此为基础设计出多地形样式（Multi-Terrain Pattern，MTP）。

身穿 OCP 的美国士兵

美国 UCP 迷彩作战服

UCP（Universal Camouflage Pattern），又叫美国通用迷彩作战服，是美国陆军开发作战服（ACU）的数码迷彩图案，于 2005 年开始配发。该服饰以灰色为主要颜色，为了适应沙漠、城市、雪地等多种地形而设计，但在植被环境下效果不佳。由于不太适用阿富汗战场地形，曾推出 UCP-Delta 样式，最后仍败于 MC 迷彩图案。

阿富汗战场上身穿 UCP 的美国士兵

美国 MCCUU 迷彩作战服

　　MCCUU（Marine Corps Combat Utility Uniform）又叫海军陆战队作战服，是专门为海军陆战队设计的，也是美军最早正式装备的数码迷彩作战服。其使用的迷彩叫作 MARPAT。

　　MARPAT 是 海 军 陆 战 队 迷 彩 样 式（Marine Pattern） 的 缩 写， 有丛林、沙漠和雪地三种。最早的设计中包括了城市迷彩，但没有被采用。2001 年开始野外试验，2002 年发布并开始装备部队，2004 年装备完成。MARPAT 除了颜色，其他地方与加拿大的 CADPAT 并无太大区别。

　　美国海军陆战队于 2002 年采用全新式数码迷彩战斗服，迷彩服区分丛林迷彩与沙漠迷彩两种，现行的穿着规定是平时夏季穿沙漠迷彩，冬季穿丛林迷彩；战时依据任务穿着。

士兵身穿 MCCUU 执行作战训练

美国 LBT 1195 战术背心

　　一件标准的 LBT 1195 战术背心有 4 个步枪弹匣包（共装 12 个步枪弹匣）、两个机枪弹箱包，共计 24 个步枪弹匣。另外还有水壶包、对讲机包、杂物包和医疗包等组成部分。目前，LBT 1195 战术背心在"海豹"突击队中已逐渐被 MLCS H-Harness 作战携行系统所取代。

　　LBT 1195 战术背心由伦敦桥商贸公司（London Bridge Trading Company，Ltd.）设计和生产，这家坐落于美国弗吉尼亚州的公司是军用包具领域的佼佼者，旗下的包具被美军各军种特种部队广泛采用，仅"海豹"突击队就使用过 LBT 1195、LBT 1961、LBT 0292、LBT 2595 和 LBT 6094 等多种型号。其中，LBT 1195 依靠其强力的浮力支撑、超强的携载能力、合理的重力分布、稳定的重心结构，在 20 世纪 80 年代到 21 世纪初很长一段时间内，深受"海豹"突击队的欢迎。

LBT 1195 战术背心穿着效果图

LBT 1195 战术背心多角度特写

美国 MA-1 飞行员夹克

MA-1 飞行员夹克是美国于 1958 年生产制造的军事夹克，其出现是因为喷气机时代要求飞行员能够穿着一种安全、舒适的军服。

美国 TP-1E/TP-2E 防弹衣

TP-1E/ TP-2E 防弹衣是海湾战争中"海军陆战特种作战"的"老兵"了，它被特种部队在潜水、跳伞、绳降和攀岩等多种情况下所验证，其性能毋庸置疑。

TP-1E/TP-2E 防弹衣防护范围非常大，上到颈部，可防止脊骨在俯卧位置受到损伤冲击；下至尾骨，它由 4 张尼龙张力带一起为后背下部提供防弹保护。另外，该防弹衣背部的防护板插入袋为折叠式，这样可以在伸臂、爬行或者是肩扛武器射击时让肩胛能够得到充分运动。

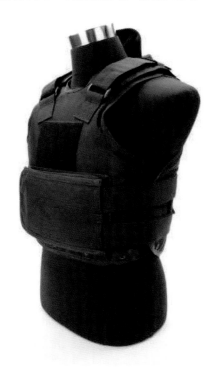

美国海军工作服

海军工作服（Navy Working Uniform，NWU）是美国海军为舰艇人员装备的舰艇工作服，是海军陆战队MARPT（迷彩图案）的蓝灰色版本。不是为了伪装，而是为了"表明海军身份"而设计。

海军工作服代替了舰上、海岸粗棉布条纹衬衣工作服、耐洗涤卡其色连体服、林地绿、航空兵绿、冬季蓝色工作服和热带工作服。工作服的常态穿着寿命被设计为最多18个月，相比先前老款工作服的6个月穿着寿命长了很多。

穿着海军工作服队列的美国海军士兵

穿着海军工作服正在站岗的美国海军士兵

英国 MTP 迷彩作战服

MTP（Multi-Terrain Pattern）是 2009 年配发给英国军队的一种常用迷彩作战服。

英国艾科提斯公司作战背心

艾科提斯（Arktis）作战背心其上可携带 12 个弹匣，还设计有两个多用途袋。此外，还有用于呼吸器附件的 D 形环，用于携带指南针、FFD 和刀具的小袋。

英国 DPM 防风罩衣

　　DPM 是 Disruptive Pattern Material 的缩写，意为迷彩服饰。

　　DPM 防风罩衣使用一种斜纹防水、防风的材料制作而成，且具备快速干燥的能力。该防风罩衣由斯尔弗曼公司生产，主要用户为英国伞兵部队。

 英国 SBA 标准身体防护装甲

    SBA 标准身体防护装甲可以使用多种外部覆盖材料和伪装用品，并且可以选择添加陶瓷、复合材料等防护板，使其可以在多种战斗环境中使用。主要用户为维和组织和英国特种部队。目前，SBA 标准身体防护装甲在全世界约有 10 万套在使用。

法国马钶特种部队战斗服

马钶（Marck）特种部队战斗服带有胸袋和腿袋，袖口和裤脚可随意调整松紧度。此外，这套服装从颈部到踝部有两个垂直的拉链，方便穿戴或脱下。

加拿大 CADPAT 迷彩作战服

身穿 CADPAT 作战服的加拿大士兵

　　CADPAT 是加拿大陆军的数码迷彩图案，被广泛使用于加拿大军队的作战服、作战靴、雨衣、背包、头盔等军用物品上。CADPAT 有丛林、旱地、雪地迷彩。丛林迷彩最早装备军队。丛林 CADPAT 有 4 种颜色：浅绿色、深绿色、浅棕色、黑色。2002 年夏天加拿大军队又装备用于干旱地带的旱地迷彩，现广泛发给在阿富汗作战的士兵。该作战服主要缺点是易褪色。

参加作战训练的加拿大士兵

伪装在丛林中的加拿大士兵

加拿大"野马"游泳救护员水母衣

　　"野马"（Mustang）游泳救护员水母衣是为游泳者开发的一款三层尼龙和丁基合成橡胶套装，其缝合处采用双密封接缝，材质重量轻且具有柔韧性，右前臂上带有排气阀。

比利时 P305 防弹背心

　　P305 防弹背心主要用于防护霰弹枪、卡宾枪和自动步枪等枪弹对人体的伤害，能抵挡枪弹射击引起的穿透性和剪切性，且穿着舒适灵活，便于拆卸和清洗。

 比利时 Jigsaw 迷彩作战服

Jigsaw 迷彩作战服最初的用户为比利时特种部队及伞兵部队，荷兰也采用了这种军服。

德国丛林斑点迷彩作战服

身穿丛林斑点迷彩作战服的德国士兵

丛林斑点迷彩作战服（Flecktarnmuster）由浅绿色、绿色、灰色、暗绿色、红褐色和黑色构成，自 1991 年起配发给统一后的德国国防军，大约在 1995 年全军换装完毕。除了一般的战斗服及中棉袄外，尚有供装甲兵使用的连身服及冬季用的 Gore-tex 外套（德国是欧洲唯一使用 Gore-tex 物料的国家，其他各国一般采用荷兰的 Sympatex 物料生产防风、防水外套）。

德国热带伪装迷彩作战服

热带伪装迷彩作战服（Tropentarn）由德国国防军于 1993—2001 年装备。后来被称为"一式荒漠斑点迷彩"（1st Desert Flecktarn pattern），由棕褐色背景、绿色和褐色斑点 3 种颜色构成。

穿热带伪装迷彩作战服的德国士兵

澳大利亚 AMCU 迷彩作战服

身穿 AMCU 的澳大利亚士兵

　　AMCU(Australian Multicam Camouflage Uniform) 是澳大利亚国防军在 2004 年发行的一种作战军服。

澳大利亚 DPCU 迷彩作战服

　　DPCU（Disruptive Pattern Camouflage Uniform）于 20 世纪 70 年代末被开发，DPCU 目前已逐步取代 AMCU。

意大利 Telo mimetico 迷彩作战服

　　Telo mimetico 迷彩作战服于 1929 年首次发行，20 世纪 90 年代初期停止使用。

芬兰 M62 迷彩作战服

苏格兰吉利服

　　吉利服是由苏格兰的一位猎场看守人发明的，他用其伪装自己，以便于打中猎物。高素质的吉利服通常是被商业性地制造，而军队里的狙击手则是亲手制作自己独特的吉利服。而且，制造吉利服的材料也必须随着地点的不同来配合变化。制造一件普通的吉利服是极为耗时的，因此狙击手将会花上数百小时来制造一件既细腻又高素质的吉利服。但，美国海军陆战队的狙击手只需花几分钟时间就能完成。

　　最典型的吉利服是用网或布制作的，表面缀满叶子和小树枝，可用于迷惑对手。狙击手和猎人会穿上吉利服来配合野外地区伪装自己从而不被发现。

身穿吉利服的狙击手

丹麦 M84 迷彩作战服

　　M84 迷彩作战服于 1984 年配备给丹麦军队，主要由橄榄绿、亮绿色及黑色组成，在丛林作战环境中有较好的伪装效果。

 ## 丹麦 T99 迷彩作战服

　　T99 作为丹麦军队战斗服，颜色上采用土色、土红色及深绿色。于 2001 年首次装备丹麦国际安全援助部队的成员。

瑞典 M90 迷彩作战服

　　M90 迷彩作战服主要配备瑞典武装部队，由深绿色、亮绿色、黑色和米色组成。

 瑞士 TAZ 83 迷彩作战服

TAZ 83 是仅装备瑞士军队的迷彩作战服，颜色上采用白色、亮绿色、红棕色和黑色。

瑞士 TAZ 90 迷彩作战服

　　TAZ 90 是目前瑞士军队装备较为广泛的一种军服，采用棕褐色、棕色、绿色和黑色 4 种颜色。

TAZ 90 军裤

身穿 TAZ 90 的瑞士士兵

法国 CEC 迷彩作战服

　　CEC（Camouflage Europe Centrale）于 1991 年被引入法国军队，奥地利军队也引入了该款迷彩军服。

 ## 波兰 Wz. 93 "潘多拉" 迷彩作战服

　　Wz. 93 "潘多拉" 迷彩作战服是在 Wz.89 迷彩作战服上的基础上改进的，于 1993 年开始广泛装备波兰军队。

澳大利亚 GPU 空军工作服

　　GPU（General Purpose Uniform）空军工作服的主要颜色为蓝色，其目的是让空军人员拥有独特、容易辨认的制服。

新西兰 DPM 迷彩作战服

　　DPM（Disruptive Pattern Material）作为新西兰官方制服一直服役至2013 年，其迷彩设计类似于英国的 DPM。

韩国空军飞行员夹克

‣‣ **Chapter 04**

常礼服

　　军人除了在作战训练时有专门的服装，在工作与礼仪场合中也有特定的服装。常服的特点是穿着方便，更适宜军人平时的活动。而礼服的主要特点是庄严、美观、色彩鲜艳、军阶标志鲜明、装饰注重民族风格等。

美国常礼服

常服赏析

一战前	

1780 年，乔治·华盛顿常服	1780 年，马萨诸塞州第 6 团士兵常服

1780 年，大陆军高级军官及其将军卫队常服	1780 年，马萨诸塞州第 8 团士兵常服

一战前

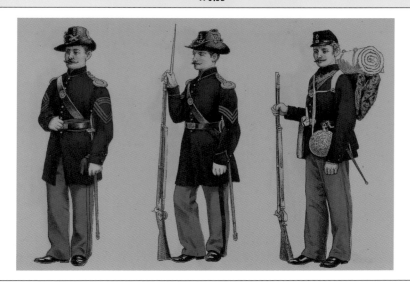

1865 年，联邦军陆军常服，从左至右：炮兵军士长、步兵中士、步兵列兵

1865 年，联邦军陆军常服，从左至右：骑兵下士、轻炮兵列兵、骑兵（长大衣）

一战前

1864年，罗伯特·李陆军上校常服

1860年，乔治·米德陆军少将常服

1860年，皮埃尔·博雷加德陆军
上将常服

1904年，乔治·杜威海军特级
上将常服

一战时期

<table>
<tr><td colspan="2">
</td></tr>
<tr><td>陆军士兵常服</td><td>陆军飞行员常服</td></tr>
<tr><td>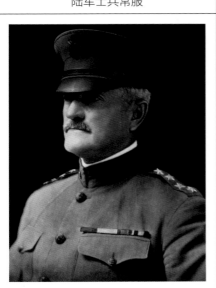</td><td></td></tr>
<tr><td>约翰·潘兴陆军上将常服</td><td>查尔斯·威特利斯陆军中校常服</td></tr>
</table>

一战前	

阿尔文·约克陆军中士常服	弗兰克·卢克陆军飞行员常服
二战时期	

陆军骑兵军官常服	陆军中尉绿色常服（大檐帽）

二战时期

陆军中尉绿色常服（船形帽）

陆军中尉卡其色常服

陆军下士冬季常服

陆军士兵绿色常服

二战时期

陆军士兵卡其色常服

陆军航空队飞行员绿色常服

陆军航空队飞行员夏季卡其色常服

1943 年，巴顿中将常服及钢盔

二战时期	

1930 年，麦克阿瑟四星上将绿色常服	1945 年，麦克阿瑟五星上将 卡其色常服
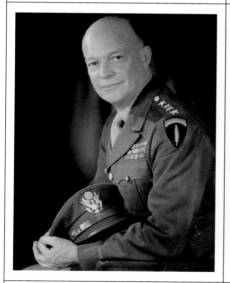	
1943 年，艾森豪威尔四星上将常服	1945 年，艾森豪威尔五星上将常服

二战时期

海军士兵白色常服

海军士兵蓝色常服

海军士兵水手常服

1944年，尼米兹海军上将常服

二战时期	
 海军陆战队少将常服	 海军陆战队上士常服
冷战至今	
 陆军 A 类常服（一）	 陆军 A 类常服（二）

冷战至今

陆军 A 类常服（三）

陆军 A 类常服（四）

陆军 A 类常服（五）

陆军 A 类常服（六）

冷战至今	

陆军 A 类常服（七）	陆军 B 类常服（一）

陆军 B 类常服（二）	陆军 B 类常服（三）

冷战至今

陆军 B 类常服（四）

陆军 B 类常服（五）

陆军 B 类常服（六）

陆军 B 类常服（七）

冷战至今	

陆军 B 类常服（八）	陆军 B 类常服（九）

陆军上将 A 类常服	陆军准将 A 类常服

冷战至今

陆军上校 A 类常服

陆军上尉 A 类常服

陆军总军士长 A 类常服

陆军上士 A 类常服

冷战至今

海军军官白色常服（男性）

海军军官热带白色常服（男性）

海军军官夏季白色常服（男性）

海军军官夏季白色常服（女性）

冷战至今

海军军官蓝色常服（男性）

海军军官蓝色常服（女性）

海军军官白色常服（女性）

海军军官卡其色常服（女性）

冷战至今	
	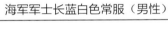
海军军官冬季蓝色常服（男性）	海军军士长蓝白色常服（男性）

海军军士长冬季蓝色常服（男性）	海军军士长冬季蓝色常服（女性）

冷战至今

海军军士长白色常服（男性）

海军军士长白色常服（女性）

海军军士长热带白色常服（男性）

海军军士长夏季白色常服（女性）

冷战至今

海军军士长卡其色常服（女性）

海军士兵白色常服（男性）

海军士兵夏季白色常服（男性）

海军士兵夏季白色常服（女性）

冷战至今

海军士兵热带白色常服（男性）

海军士兵热带卡其色常服（男性）

海军士兵蓝色常服（男性）

海军军官蓝色工作服（男性）

冷战至今

海军军官卡其色工作服（男性）

海军军官卡其色工作服（女性）

海军军士长冬季蓝色工作服（男性）

海军军士长冬季蓝色工作服（女性）

冷战至今

海军军士长卡其色工作服（男性）

海军军士长卡其色工作服（女性）

海军士兵蓝色工作服（男性）

海军士兵蓝色工作服（女性）

冷战至今

海军士兵粗布工作服（男性）

海军士兵粗布工作服（女性）

海军陆战队上将 C 类常服

海军陆战队少将 A 类常服

冷战至今

海军陆战队上校 A 类常服

海军陆战队上尉 A 类常服（女性）

海军陆战队五级准尉 A 类常服

海军陆战队总军士长 A 类常服

冷战至今

海军陆战队士兵 B 类常服

空军上将蓝色常服

空军少将蓝色常服

冷战至今

空军上校蓝色常服

空军上尉蓝色常服

空军中尉蓝色常服（女性）

空军总军士长蓝色常服

冷战至今

空军士官和士兵蓝色常服

空军乐队夏季常服

礼服赏析

| 二战时期 |

陆军军官绿色夹克晚礼服

陆军军官白色夹克晚礼服

陆军军官白色晚礼服

海军军官蓝色礼服

二战时期

海军军官蓝色夹克礼服

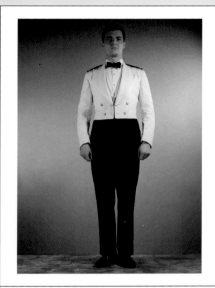

海军士兵白色夹克礼服

海军陆战队军官晚礼服

海军陆战队士兵蓝色礼服

冷战至今

陆军四星上将晚礼服

陆军上校晚礼服（军乐队指挥）

陆军中士晚礼服

陆军晚礼服全套服饰

冷战至今

陆军仪仗队（第3步兵团）蓝色礼服

陆军仪仗队（第3步兵团）大陆军复古礼服

冷战至今

陆军仪仗队（第3步兵团）指挥官的大陆军复古礼服	陆军仪仗队（第3步兵团）鼓手的大陆军复古礼服

海军军官白色礼服（男性）	海军军官白色礼服（女性）

冷战至今	

海军军官白色夹克礼服（男性）	海军军官白色夹克礼服（女性）

海军军官热带白色礼服（男性）	海军军官热带白色礼服（女性）

冷战至今

海军军官蓝色礼服（男性）

海军军官蓝色礼服（女性）

海军军官蓝色夹克礼服（男性）

海军军官蓝色夹克礼服（女性）

冷战至今

海军军士长白色礼服（男性）

海军军士长白色礼服（女性）

海军军士长蓝色礼服（男性）

海军军士长蓝色夹克礼服（男性）

冷战至今	

海军军士长热带白色礼服（男性）	海军军士长热带白色礼服（女性）

海军军士长白色夹克礼服（男性）	海军士兵白色礼服（男性）

冷战至今

海军士兵热带白色礼服（男性）

海军士兵热带白色礼服（女性）

海军陆战队蓝色礼服，从左至右：C类（男性军官）、A类（男性军官）、A类（女性军官）、B类（男性军官）、C类（女性军官）

冷战至今

身穿蓝色礼服的海军陆战队上士

身穿蓝色礼服的海军陆战队军士长

海军陆战队蓝白礼服（左一至左三）和红色礼服（左四和左五）

冷战至今

身穿蓝白色礼服的海军陆战队士兵

身穿红色礼服的海军陆战队军士长

海军陆战队晚礼服，从左至右：A 类（女性士兵）、B 类（男性将军）、
A 类（男性戴斗篷）、B 类（男性士兵）

冷战至今

身穿晚礼服的海军陆战队上将

海军陆战队高级士官晚礼服

空军晚礼服（将军、军官和士官）

冷战至今

空军晚礼服（军乐队）

空军合唱团晚礼服

冷战至今

空军仪仗队礼服

空军仪仗队指挥官礼服	空军仪仗队士兵礼服

冷战至今

西点军校学员游行礼服

西点军校乐队礼服

英国常礼服

▌▌▌▌▶ 常服赏析

一战前	

1687 年，第 4 骑兵团士兵常服	1742 年，第 20 步兵团士兵常服

1767 年，第 40 步兵团士兵常服	1780 年，第 3 近卫步兵团士兵常服

一战前

1780 年，第 5 步兵团士兵常服	1793 年，第 87 步兵团士兵常服

1805 年，海军陆战队军官常服	1815 年，第 40 步兵团军官（左）与士兵（右）常服

一战前	

1815 年，海军陆战队士兵常服	1839 年，第 1 龙骑兵团士兵常服

1848 年，第 72 步兵团士兵常服	1849 年，第 53 步兵团士兵常服

一战前	

1881 年，康诺特游骑兵团士兵常服	1889 年，掷弹兵卫队士兵常服

1885 年，皇家燧发枪团军官常服	1901 年，爱尔兰卫队中士常服

一战前

1890 年，第 2 龙骑兵团士兵常服

1900 年，戈登高地人团士兵常服

1900 年，皇家炮兵中校常服

1910 年，皇家工兵部队军官常服

一战时期

陆军士兵常服（大檐帽）

陆军士兵常服（钢盔）

皇家陆军航空队中士飞行员常服

海军士兵常服

一战时期

道格拉斯·黑格陆军元帅常服

亨利·威尔逊陆军元帅常服

约翰·杰利科海军元帅常服

戴维·贝蒂海军中将常服

二战时期

陆军上将常服

陆军上校常服

陆军中校常服

陆军少校常服

二战时期

陆军上尉常服

陆军中士夹克常服

陆军上等兵常服

蒙哥马利陆军元帅常服（贝雷帽）

二战时期	
 海军少将常服	 海军上校常服
 海军中校常服	 海军上尉常服

二战时期

安德鲁·坎宁安海军元帅常服

菲利普·蒙巴顿海军上尉常服

空军上将常服

空军上校夹克常服

二战时期	
 空军中校常服	 空军少校常服
 空军上尉常服	 特拉福德·马洛里空军上将常服

二战时期

亚瑟·泰德空军上将常服

空军妇女辅助队常服

亚历山德拉王后皇家陆军护理部队护士常服

空军妇女辅助队常服（船形帽）

冷战至今

陆军十三号常服（军官）　　　　陆军十三号常服（士兵）

陆军十四号常服

冷战至今

陆军军官四号温带常服

陆军上将四号温带常服

海军中校蓝色一号常服

冷战至今

海军上将蓝色三号常服（A 类）

海军上将蓝色三号常服（C 类）

海军上将白色一号常服（右一）

冷战至今

海军上将白色三号常服（右一）

海军士兵蓝色一号常服

冷战至今

海军士兵蓝色四号常服

空军上将一号常服

空军少将六号常服

空军新兵一号常服

冷战至今

空军总技术军士一号常服

皇家空军地面战斗团军官（前方指挥）和士兵（后方队列）常服

礼服赏析

一战时期

道格拉斯·黑格陆军元帅礼服	查尔斯·拉姆空军少将礼服

冷战至今

陆军一号常礼服（军官）	陆军一号常礼服（士兵）

冷战至今

陆军准将一号常礼服

陆军上校一号常礼服

陆军二号阅兵礼服（军官）

陆军二号阅兵礼服（士兵）

冷战至今

陆军二号阅兵礼服（军官）

陆军上将二号阅兵礼服

陆军二号阅兵礼服（士兵）

冷战至今

| 陆军三号温带常礼服（军官） | 陆军三号温带常礼服（士兵） |

陆军军官（前方指挥）和士兵（后方队列）三号温带常礼服

冷战至今	

陆军十号晚礼服（军官）	陆军十号晚礼服（士兵）

陆军军官十号晚礼服上衣	陆军士兵十号晚礼服上衣

冷战至今

陆军将官大礼服上衣

陆军上将大礼服

爱尔兰卫队大礼服

冷战至今

禁卫兵骑兵团大礼服（骑乘）

皇家骑兵卫队大礼服（骑乘）

冷战至今

皇家骑兵卫队大礼服（步行）

苏格兰皇家军团大礼服

海军高级军官仪式日礼服

海军上将蓝色一号礼服

冷战至今

海军中将蓝色一号礼服

海军上将蓝色二号晚礼服

海军少将蓝色二号晚礼服

海军陆战队上将礼服

冷战至今

海军陆战队乐队礼服

空军上将一号礼服（A 类）

空军中将一号礼服（A 类）

冷战至今

空军上士一号礼服（A 类）

空军上将五号晚礼服

空军中央乐队礼服

苏联 / 俄罗斯常礼服

常服赏析

一战前	

1869 年，沙俄步兵常服	1869 年，沙俄军官常服
一战时期	

陆军中尉常服	陆军士兵常服

二战时期	

1935 年，苏联元帅夏季常服	1943 年，苏联元帅灰色常服

1943 年，苏联元帅白色常服	1943 年，苏联元帅冬季常服

二战时期

1943 年，苏联民兵指挥官白色常服

1943 年，苏联司法部队上校常服

1945 年，苏联元帅常服

1945 年，苏联空军元帅常服

二战时期

海军上将常服

海军中将常服

陆军步兵常服

坦克兵常服

二战时期	

红卫兵常服	海军陆战队士兵常服
冷战至今	

陆军少将常服	陆军中尉常服（女性）

冷战至今	

海军少将夏季常服	海军少将黑色常服

海军上校夏季常服	海军上校冬季常服

冷战至今

海军上校白色常服

海军上校黑色常服

海军中尉白色常服

海军中尉冬季常服

冷战至今	
海军中尉夏季常服（女性）	海军中尉冬季常服（女性）
海军中尉白色常服（女性）	海军中尉黑色常服（女性）

冷战至今

海军水手白色常服

海军水手蓝色常服

海军水手黑色常服

海军水手冬季常服

冷战至今	

空军上校冬季常服	空军少校夏季常服

一战时期	

陆军军官礼服	陆军少尉礼服

一战时期

陆军军士长礼服

空军少尉礼服

陆军下士礼服

飞行员礼服

二战时期	

1935 年，苏联元帅礼服	1940 年，苏联元帅灰色礼服

1940 年，苏联元帅褐色礼服	1940 年，苏联海军舰队司令礼服

二战时期

1943 年，苏联元帅礼服

1943 年，苏联装甲兵元帅礼服

1943 年，陆军上将礼服

1943 年，陆军边防部队少将礼服

二战时期	
 1943 年，海军上将礼服	 1943 年，海军中将礼服
 1943 年，海军情报局中将礼服	 1943 年，海军边防部队中将礼服

二战时期

1943 年，海军少将礼服

1943 年，海军航空少将礼服

1943 年，海军陆战队少将礼服

1943 年，海军上校礼服

二战时期	
 1943 年，海军中尉礼服	 1943 年，空军元帅礼服
 1945 年，苏联元帅礼服	 1945 年，装甲兵元帅礼服

二战时期

1945 年，红军中将礼服

1945 年，陆军少将礼服

1945 年，炮兵少将礼服

1945 年，海军上将礼服

二战时期	

1945 年，海军航空兵少将礼服	1945 年，空军元帅礼服
冷战至今	

俄罗斯陆军上将礼服	陆军少将夏季礼服

冷战至今

陆军上校夏季礼服

陆军中尉夏季礼服（女性）

阅兵式陆军军官礼服

冷战至今

俄罗斯海军少将白色礼服

俄罗斯海军少将黑色礼服

俄罗斯海军日阅兵式军官礼服

冷战至今

俄罗斯海军水手礼服

俄罗斯空军航空兵礼服

冷战至今

莫斯科胜利日游行军乐队礼服

俄军士兵身穿二战苏联军服参加二战胜利纪念活动（一）

冷战至今

俄军士兵身穿二战苏联军服参加二战胜利纪念活动（二）

俄军士兵身穿二战苏联军服参加二战胜利纪念活动（三）

冷战至今

俄军士兵身穿二战苏联军服参加二战胜利纪念活动（四）

法国常礼服

常服赏析

一战前

1672 年，法国掷弹兵团下士常服

1672 年，法国陆军步兵常服

一战前

1779 年，龙骑兵上校常服	1786 年，龙骑兵上校常服

1889 年，铁骑军士兵常服	1889 年，轻骑兵常服

一战时期

陆军军官常服

卫队军官常服

陆军士兵束腰常服（钢盔）

陆军士兵冬季常服（船形帽）

一战前	

陆军士兵蓝红色常服	陆军士兵常服（船形帽）

炮兵团士兵常服	掷弹兵常服

一战前	

海军士兵常服	空军航空兵夏季常服
冷战至今	

海军水手夏季白色常服	海军水手蓝色常服

冷战至今

海军轻型消防人员常服

空军飞行员蓝色常服

礼服赏析

一战前

1809 年，卫队掷弹兵礼服

1809 年，卫队炮兵礼服

一战前	

1809 年，宪兵礼服	1809 年，海军水手礼服
冷战至今	

陆军中校礼服	骑兵队队长礼服

冷战至今	

海军上将礼服	海军上尉礼服

空军上校礼服	空军步枪兵礼服

冷战至今

法国共和国卫队第 1 步兵团礼服

法国后勤军团士兵礼服

冷战至今

圣西尔军事学院学员礼服

法国空军学院学员礼服

冷战至今

法国卫队骑兵团礼服

法国外籍兵团军乐队礼服

其他国家常礼服

常服赏析

一战前	
 1705年，西班牙轻骑兵常服	 1759年，加拿大民兵常服
 1806年，阿根廷枪手常服	 1865年，奥匈帝国骑兵军官常服

一战时期

德国陆军军官常服

比利时陆军步兵常服

加拿大陆军第 103 步兵团士兵常服

加拿大远征军士兵常服

二战时期

比利时陆军上尉常服

德国陆军士兵常服

德国非洲军团士兵常服

德国海军山地部队上尉常服

二战时期

德国海军军官（左）与士兵常服

加拿大空军女飞行员常服

加拿大空军士兵常服

冷战至今

澳大利亚海军军官夏季常服

澳大利亚海军水手常服

加拿大海军中士常服

加拿大空军中将常服

二战时期

加拿大海军军官夏季常服

加拿大空军上尉常服（女性）

加拿大空军中尉常服

二战时期

加拿大陆军中将（左）与空军中将（右）夏季常服

朝鲜海军水手黑色常服

朝鲜海军水手白色常服

礼服赏析

二战时期

德国陆军炮兵上尉礼服

德国陆军下士礼服

德国空军少尉礼服

德国空军上士礼服

冷战至今

澳大利亚海军军官礼服 | 澳大利亚海军水手礼服

印度海军水手礼服（左）、军官一号礼服（中）、军官三号礼服（右）

冷战至今
 海军水手礼服（左）、军官二号礼服（中）、军官三号礼服（右）

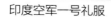

印度空军一号礼服

印度空军二号礼服

冷战至今	

印度空军四号礼服	印度空军六号礼服

加拿大陆军仪仗队礼服	

冷战至今

德国陆军卫队礼服

加拿大空军飞行员礼服

冷战至今

瑞士近卫队礼服

▸▸ **Chapter 05**

手套

　　最早的战术手套起源于日本江户时期，是当时忍者必备的一种防身武器。世界各国近些年不断研发战术型的各类产品，战术手套更是在其中之列。根据使用者的不同身份和相关使用范围，将其分为进攻型、防御型和格斗型 3 种。

美国"领航者"战术手套

"领航者"（Oakley Pilot）是由美国奥克利公司（Oakley）设计和生产的战术手套，该公司原本是生产运动装备和太阳镜的，以高品质的产品著称业界。其多种产品因为达到甚至超过军规标准而被美军广泛使用，"领航者"战术手套就是其中最为流行的产品之一，深受"海豹"突击队员的喜爱。

"领航者"战术手套原本是一款单车手套，但因为其出色的实用性而被军队大量采用。这副手套掌心部分为经过透气处理的山羊皮，背面则是绵羊皮。经过透气处理的山羊皮防滑性能很好，指尖的橡胶颗粒也是为了防滑设计的，握持枪械时手感极佳。手背部分的关节适形护板为碳纤维材料，不仅能保护指关节，更能在格斗中增加拳头的攻击力。指根部分还设有通气孔。

"领航者"战术手套佩戴效果

美国 WEAR 战术手套

WEAR 战术手套是美国"超级技师"公司（Mechanix Wear）专门为"海豹"突击队设计的，主要原料为经过特殊处理的毛皮和特种尼龙，这些材料防水、耐磨防刮，保暖性好。手套符合人体工程学的设计，戴着舒适，不会影响射击时的手感。

WEAR 战术手套佩戴效果

 ## 美国带嵌入物冷湿环境手套

　　带嵌入物冷湿环境手套是由美国戈尔公司制造的，采用牛皮革面，聚酯绒编织衬里，可以防水、防风和透气，其嵌入物超出美国军用规范。目前该手套主要用于装备美国武装部队。

 英国 BCB 极地手套

BCB 极地手套防水透气，使用高尔泰克斯（Gore Tex）材料制作，掌面使用双层皮革，使其保暖效果极佳。

在没有高尔泰克斯材料之前，纺织界对兼顾防水及透气性的要求并无理想的解决方法，现有材料只能满足一个特性，其他特性不能兼顾。高尔泰克斯材料的出现改变了这点，虽然它本身并不保温，但由于空气分子难以穿透它，故表现出了极佳的保暖性能。

 ## 英国 BCB 战术手套

贴紧型设计的 BCB 战术手套外部使用柔软皮革材质，便于抓握武器，衬里采用防水 MVP 碳纤维。

MVP 碳纤维因其轻质高强的性能，在基建、汽车、新能源和航空航天等诸多领域拥有广泛应用潜力。但居高不下的生产成本成为其发展的掣肘，寻找到降低成本的方法将为碳纤维的大规模使用打通道路。

 ## 英国 BCBG 格斗手套

BCBG 格斗手套是 BCB 公司生产的在英国军队中广泛使用的一种格斗手套。它贴紧型的设计，内部结合小牛皮和腕带，加上 MVP 不漏水衬里，可紧握武器。

英国 BCBG 格斗手套

瑞典 P1013 外部露指手套

P1013 外部露指手套是由瑞典 Granqvists 公司制造，用于斯堪的纳维亚和英国北极武装部队。由于采用聚酯 / 帆布结构，形成了能够改善抓力的点状表面。

瑞典 M1009 沙漠手套

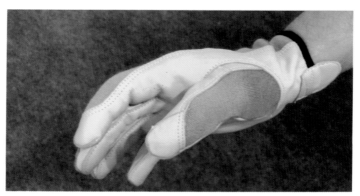

　　M1009 手套由瑞典 Granqvists 公司生产，主要为在沙漠战斗的武装部队使用。手掌部为小羊皮，可以有效地防滑和防沙。而且该手套兼顾保暖性和透气性，极适合沙漠的气候条件，可以让士兵更加舒适地佩戴。

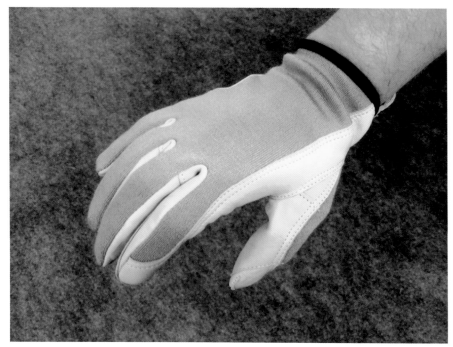

M1009 沙漠手套佩戴效果图

Chapter 06

军鞋

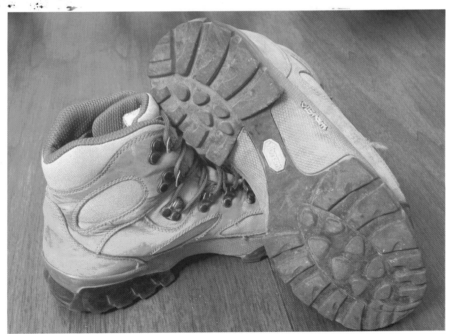

　　军鞋是古今中外军队所必备的一项军需品，其式样、质地不仅影响军人的战斗力，而且在某种程度上可以反映一个国家的经济状况和技术水平。

美国"锯齿"户外鞋

  "锯齿"（Merrell Sawtooth）是由美国麦乐公司（Merrell）设计和生产的一款户外鞋。麦乐是一个登山运动鞋品牌，产品汇集着各种独家专利技术，采用高耐用型材质和尖端科技材料打造，包括多元化的户外功能系列及科技休闲系列，有着绝对的舒适性与功能性。正因为如此，"海豹"队员们才会自掏腰包购买麦乐公司的产品。

  "锯齿"户外鞋特点鲜明，20厘米的靴帮既给脚踝带来良好的保护性，又不失灵活。鞋底有着良好的抓地力及耐磨性。气垫结构有着极佳的缓震功能，透气性和保暖性都相当不错。轻量化结构（仅重1.3千克左右）能让"海豹"队员在长途跋涉中很好地节省体力。

"锯齿"户外鞋穿着效果

"锯齿"户外鞋特写

脚穿"锯齿"户外鞋的美国陆军士兵

 ## 美国 HRT 战斗靴

　　HRT 战斗靴是美国 5.11 公司根据美国特种部队和警察单位的建议研发的新式战斗靴，采用诸多专利技术，整只靴子几乎全由经过特殊处理的皮革制造，只是在足踝部位为了透气和抗弯折，采用了两条窄窄的 1200 第纳尔耐磨弹道尼龙。靴子内部采用了专利的"新保适"（Sympatex）薄膜的防水透气内里设计，加上同样是专利设计的 Dri-Lex"速爽"系统，可以 100% 做到靴内快速吸湿，持久舒适并在足部周围保持干燥爽洁，并有效抑制细菌再生。

　　HRT 战斗靴的足跟部装有撞击缓冲系统，加上 4 层特殊弹性鞋垫，能吸收使用者从高处跳下时的大部分震动能量，有效减缓冲击力。靴底的双模压胶工艺在保证鞋底具有防滑、防油的高度稳定性的同时，也提供了良好的支撑力和穿着的舒适性。靴头的防水耐磨橡胶一直延续到足弓部位，有效地保护了最易磨损的靴头，重点部位采用了 3 层强化式车缝，使得靴子整体更加牢固。因为没有侧拉链快速穿脱系统，HRT 战斗靴使用了抗断伞绳作为鞋带，并且随包装附送一个黑色的无纺布鞋袋，方便勤务。

黑色 HRT 战斗靴

美国 Foil Force 蛙鞋

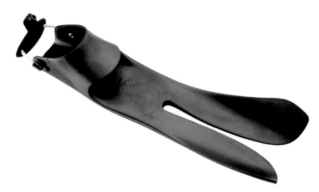

　　蛙鞋是由美国 Foil Force 公司制造的，其设计根除了对大脚趾的挤压和小腿疲劳的现象，使抽筋现象最小化，使最强的踢腿肌肉的有效性最大化。这款蛙鞋能够将水引导穿过鳍上的开口，并向前推动潜水员。简洁的鳍边缘切入水中，独立移动的翼尖可以使潜水员进行少量的脚腿移动就可以准确调整它们在水中的位置。鳍下面的突起物，可以使水快速流动。"力量鳍"使用硬度为 87 和回弹为 78 的聚亚安酯制造，具有一个已申请专利的上弯片，它能够强化自然和耗氧状态下的踢水力度。

Foil Force 蛙鞋特写

美国 LALO 战斗靴

　　LALO 战斗靴是由美国前"海豹"成员 Nathaneal Roberti 于 2009 年创立的新品牌，曾参加阿富汗反恐战争。LALO 战术靴主要针对艰苦的作战环境而设计，使用部队包括海军陆战队、"海豹"突击队等特种部队。

　　LALO 战斗靴具有毛细作用的导水功能，强排水性能的抗菌内衬。经过超强防滑处理，后跟采用关节咬合技术，使士兵作战更加无声和隐蔽。

美国 4155 丛林靴

　　4155 丛林靴是由美国奥塔玛 (Altama) 鞋业公司为了满足美国武装部队人员的需要而设计生产的，鞋底单元采用聚亚安酯 (PU)，带"坎布雷尔"(cambrelle) 顶衬的可取式鞋垫、3 层 Foamex 隔热层、橡胶鞋底夹层、一个聚亚安酯软鞋底夹层和一个"波浪形"鞋外底。

军队中的 4155 丛林靴

美国 4156 沙漠靴

4156 沙漠靴是由美国奥塔玛 (Altama) 鞋业公司设计制造的，奥塔玛鞋业公司一直是美国国防部的主要承包商之一，曾向 70 多个国家的多个单位提供产品。同 4155 丛林靴一样，4156 沙漠靴的鞋底单元采用聚亚安酯 (PU)，带 "坎布雷尔" (Cambrelle) 顶衬的可取式鞋垫、3 层 Foamex 隔热层、橡胶鞋底夹层、一个聚亚安酯软鞋底夹层和一个 "波浪形" 鞋外底。

美国 5850 沙漠靴

5850 沙漠靴是由美国奥塔玛 (Altama) 鞋业公司设计制造的，其设计包括茶色小山羊皮革和部分 "科尔迪尤拉" 织物鞋面，9 号天然棉斜纹织物衬里；茶色尼龙涂层铝系带钩和鞋带眼及可取式软 Bon 泡沫材料鞋垫。

 加拿大阿克顿 ECW 热靴

ECW 热靴是由加拿大阿克顿国际公司（Acton International Inc）制造生产的，Tractor 鞋外底具有自清理能力，其设计具有良好的抓地性和稳定性，脚周围有 9 毫米厚的隔热层，可拆卸的热衬垫和鞋垫在极低的温度下能为双脚提供保暖。鞋面使用织物层作进一步隔热，外部为"科尔迪尤拉"(Cordura) 尼龙。

加拿大 ECW 衬里长筒靴

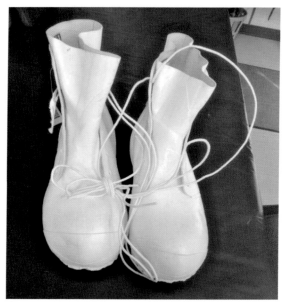

ECW 衬里长筒靴是由加拿大阿克顿国际公司（Acton International Inc）制造并发放给加拿大陆海空三军的一种用于"极冷天气"(ECW) 的长靴，配有双层粗呢袜，具有透气作用的可取出式毛毡鞋垫和塑料鞋垫，均具有良好的隔热作用。这种长靴可以在最低 -54°C 的温度下使用。其外底能够使长靴配合滑雪板和雪鞋使用。长靴采用了一条长鞋带、一个 D 形环搭扣，保证了滑动配合，顶部的"防雪"鞋带可以防止进雪，保证暖空气的进入。

俄罗斯军用航空暖靴

　　军用航空暖靴是专门针对俄罗斯飞行员而设计的，采用优质厚实的黑色皮革，真皮鞋底，靴子内侧的金属拉链从顶部固定到按钮上，在表带外侧调整小腿的大小。在鞋内底部有较厚的毛皮，保暖效果良好。靴子的上部用厚布绝缘。

Chapter 07

眼镜

　　在作战和训练中，灰尘、低速弹片、高速撞击和激光辐射等对作战人员构成了重大威胁。但几乎所有这些弹道损伤通过佩戴聚碳酸酯防护镜片的眼镜都可以避免。

美国 EPS-21 护目镜

EPS-21 护目镜可防止阳光、风、尘、弹片和激光辐射的伤害。它由护目镜框架系带、透明的防弹透镜、大量易于安装的外装透镜、可选的校正镜片和一个尼龙携带盒等组成。尼龙携带盒用于将护目镜和附件透镜装在个人承载装备中，它们与各种军用和警用头盔以及瞄准器兼容。

EPS-21 护目镜佩戴效果

美国"弹道眼盾"护目镜

"弹道眼盾"不仅能保护眼睛，还能保护整个脸颊，能抵挡 II 级碎片速度的冲击。目前，在美国如防暴警察、城市部队等特种部队都在采用这款护目镜。

美国 Laser Visor 护目镜

Laser Visor 护目镜通常与头盔"合二为一"使用，它能够吸收强光能量，有效地保护眼睛不被强光所伤害。据测试，它能够吸收 90% 的强光能量和有害紫外线，镜片表面涂有耐磨涂层。该护目镜最大特点是：它有点类似"Kill Flash 防反光装置"，看似一大块镜片，其实是由多个细小镜片组装而成的。

英国 WileyX Nerve 护目镜

WileyX Nerve 护目镜百分之百防紫外线，眼部的设计易于空气流动，配有烟雾色镜片备件。它的框架使用耐热材料，并采用 90 度环绕结构，可扩大视野。该护目镜由英国 BCB 国际公司研发制造，主要用户为在北极、沙漠和海洋作战的英国特种部队。

WileyX Nerve 护目镜侧方特写

法国 "葆旎"（Bolle）护目镜

"葆旎"（Bolle）护目镜是由法国 BOLLE SAS 公司制造，主要用来提供给法国特种部队。该护目镜采用聚合物框架，具有柔性且便于安装。透镜组合采用双聚碳酸酯设计，经过抗划伤和防雾理，可以根据要求提供透明或者灰色，以及其他颜色的透镜。覆盖面部的泡沫橡胶厚 3 毫米，接触面为防潮设计，可对其进行清洗，完全去除脸上的油彩。顶部的泡沫橡胶厚 3 毫米，既防尘又防潮。

法国突击队战术护目镜

　　法国突击队战术护目镜是由法国 BOLLE SAS 公司制造的，这种护目镜采用聚合物框架，具有柔性且便于安装。大轮廓框架可提高对周围的观察能力，设计中不含泡沫塑料。透镜采用双聚碳酸酯设计，经过抗划伤和防雾处理。透镜的外侧涂有 Carbo Glass 抗划伤涂层。可以根据要求提供透明或者灰色，以及其他颜色的透镜。可选择安装夜视训练透镜，模仿夜间训练。

法国 UGO 白天和夜间护目镜

　　UGO 白天和夜间护目镜由法国泰利斯公司研发，全球各地都有使用。这种护目镜主要针对白天/夜间观察而设计，可用于夜间车辆驾驶和执行任务。白天观察可使用普通的双目镜组件，视场大于 6 度，输入透镜直径为 24 毫米，十字线采用毫米分度。夜视功能具有 1 倍放大能力，针对在光线很弱的条件下驾驶车辆和执行任务而设计。双目镜使用面罩固定在驾驶人员的头上，可快速装上和取下。无面罩或者无焦透镜时，重量为 750 克。

意大利 OGVN6 夜视双目镜

OGVN6夜视双目镜光学系统装备了第二代微通道光放大器管，具有"自动亮度控制"和一个当视场的亮度超过一定水平时自动关断的系统。该仪器可用于夜间监视、海军演习、战场观察或者警察监视和巡逻。

参 考 文 献

[1] 张永. 图说世界军服历史 5000 年 [M]. 北京：东方出版社，2014.

[2] 马丁·温德罗. 世界军服历史图鉴 [M]. 北京：人民邮电出版社，2017.

[3] 祝加琛，于君华，杨建华. 军服视觉百科全书 [M]. 北京：机械工业出版社，2014.

海战武器大百科

狙击步枪大百科（图鉴版）

陆军重器大百科（图鉴版）

手枪·冲锋枪大百科（图鉴版）

坦克与装甲车大百科（图鉴版）

特殊武器大百科（图鉴版）

特战装备大百科（图鉴版）

突击步枪大百科（图鉴版）

现代潜艇大百科（图鉴版）

现代枪械大百科（图鉴版）

现代战机大百科（图鉴版）

现代战舰大百科（图鉴版）

世界武器鉴赏系列

现代舰船
鉴赏指南

现代飞机
鉴赏指南

现代战机
鉴赏指南

单兵武器
鉴赏指南

世界手枪
鉴赏指南

世界名枪
鉴赏指南

美国海军武器
鉴赏指南

二战尖端武器
鉴赏指南

特种作战装备
鉴赏指南

早期经典战机
鉴赏指南

坦克与装甲车
鉴赏指南

空战武器
鉴赏指南

陆战武器
鉴赏指南

无人装备
鉴赏指南

特殊武器
鉴赏指南

海战武器
鉴赏指南